LOS MATEMÁTICOS

ESCRITO POR ERIN SULLIVAN
ADAPTADO POR FELICIA LÓPEZ Y RAQUEL C. MIRELES

Tabla del contenido

CAPÍTULO 1

El principio de las matemáticas

Piensa en las maneras diferentes en que tú usas los números. Llamas por teléfono a un amigo marcando números. Compras un boleto para el cine con dinero. Comparas los resultados del béisbol en el periódico. Cuentas los días que te faltan para tener vacaciones. Nuestro mundo está lleno de números.

Pero la vida de hace miles de años era mucho más simple. La gente cultivaba productos alimenticios y cazaba animales. La gente vivía en pueblos pequeños e intercambiaba productos con sus vecinos. Se contaba con los dedos o se ponía señales en un trozo de madera. La gente no usaba los números de la misma manera en que los usamos hoy.

?

Tú usas los números todos los días. ¿Cómo sería diferente tu vida sin los números?

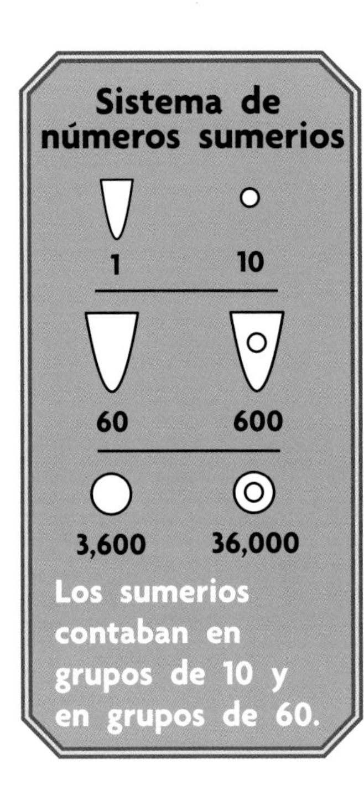

Los sumerios que vivieron hace 5,000 años en el área donde hoy es Iraq, fueron los primeros que usaron un sistema de números.

Los gobernadores sumerios empezaron a cobrar impuestos. La gente pagaba su impuesto con animales, sacos de granos y botes de aceite. Los gobernadores necesitaban un sistema de números para llevar la cuenta de toda su riqueza.

¡RESUÉLVELO!

1 Usa la gráfica anterior (de arriba) para leer los números sumerios. Empieza con los números más grandes primero.

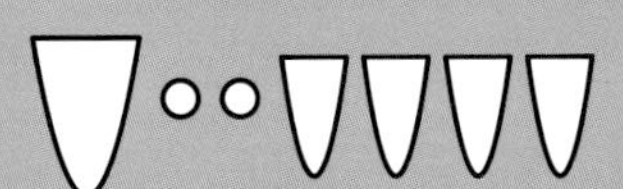

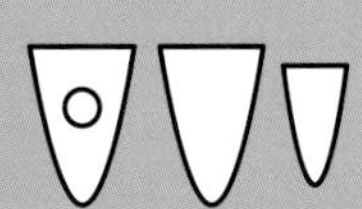

Matemáticos antiguos

Uno de los grandes matemáticos de los tiempos antiguos fue un hombre llamado Euclides. Era griego, pero vivió casi toda su vida en Alejandría, Egipto. Allí vivió en la corte del gobernador egipcio y enseñó las matemáticas en la universidad.

Euclides (330 AC–275 AC)

En sus libros, *Los trece libros de elementos*, Euclides publicó toda la información que los otros matemáticos habían aprendido sobre la **geometría**. También añadió sus propias ideas importantes.

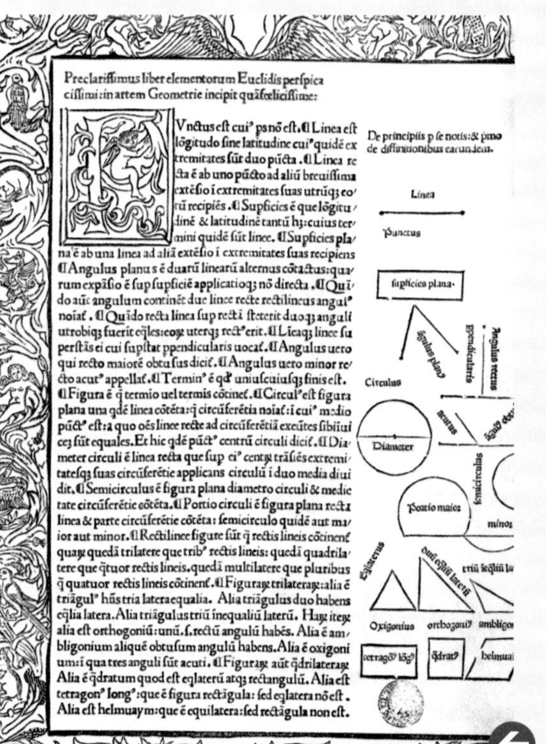

Preclarissimus liber elementorum Euclidis perspicacissimi: in artem Geometrie incipit quā fœlicissime:

Punctus est cui⁹ ps nō est. ¶ Linea est lōgitudo sine latitudine cui⁹ quidē extremitates sūt duo pūcta. ¶ Linea recta ē ab uno pūcto ad aliū breuissima extēsio ī extremitates suas utrūq3 eorū recipiēs. ¶ Supficies ē que lōgitudinē & latitudinē tantū h3: cuius termini quidē sūt linee. ¶ Supficies plana ē ab una linea ad aliā extēsio ī extremitates suas recipiens ¶ Angulus planus ē duarū linearū alternus cōtactus: quarum expāsio ē sup supficiē applicatioq3 nō directa. ¶ Quīdo aūt angulum continēt due linee recte rectilineus angul⁹ noiaṫ. ¶ Quīdo recta linea sup rectā steterit duoq3 anguli utrobiq3 fuerit eq̄les: eoꝝ uterq3 rect⁹ erit. ¶ Līeaq3 linee superstās ei cui supstat ppendicularis uocaṫ. ¶ Angulus uero qui recto maiorē obtusus diciṫ. ¶ Angulus uero minor recto acut⁹ appellaṫ. ¶ Termin⁹ ē qd̕ uniuscuiusq3 finis est. ¶ Figura ē q̄ termio uel termīs cōtineṫ. ¶ Circul⁹ est figura plana una qdē linea cōtēta: q̄ circūferētia noiaṫ: ī cui⁹ medio pūct⁹ est: a quo oēs linee recte ad circūferētiā exeūtes sibiīuicē3 sūt equales. Et hic qdē pūct⁹ centrū circuli diciṫ. ¶ Diameter circuli ē linea recta que sup ei⁹ centꝝ trāsiēs extremitatesq3 suas circūferētie applicans circulū ī duo media diuidit. ¶ Semicirculus ē figura plana diametro circuli & medietate circūferētie cōtēta. ¶ Portio circuli ē figura plana recta linea & parte circūferētie cōtēta: semicirculo quidē aut maior aut minor. ¶ Rectilinee figure sūt q̄ rectis lineis cōtinenṫ quaꝝ quedā trilatere que trib⁹ rectis lineis: quedā quadrilatere que q̄tuor rectis lineis. quedā multilatere que pluribus q̄ quatuor rectis lineis cōtinenṫ. ¶ Figuraꝝ trilateraꝝ: alia ē triāgul⁹ hñs tria latera equalia. Alia triāgulus duo habens eq̄lia latera. Alia triāgulus triū inequaliū laterū. Haꝝ iteꝝ alia est orthogoniū: unū. s. rectū angulū habēs. Alia ē amblygonium aliquē obtusum angulū habens. Alia ē oxigonium: ī qua tres anguli sūt acuti. ¶ Figuraꝝ aūt q̄drilateraꝝ Alia ē q̄dratum quod est eqlaterū atq3 rectangulū. Alia est tetragon⁹ long⁹: que ē figura rectāgula: sed eqlatera nō est. Alia est helmuaym: que ē equilatera: sed rectāgula non est.

De principiis p se notis: & pmo de diffinitionibus earundem.

Los Elementos de Euclides fue una base importante de información matemática por más de mil años.

Euclides propuso que se debía seguir pasos lógicos para entender la geometría. Sus explicaciones ordenadas de paso a paso se llamaban **pruebas**. Sus libros eran tan importantes que los maestros los usaron por más de mil años.

LAS ESCRITURAS DE EUCLIDES

¿Qué escribió Euclides? Primero, él fue la primera persona que escribió la definición de puntos, líneas y figuras de una manera simple y clara. Así lo hizo:

1. **Imagínate un punto en el espacio.**

---

2. **Ahora imagínate dos puntos en el espacio.**

---

3. **Une los dos puntos. ¿Qué tienes? Un segmento.**

---

4. **Dibuja tres segmentos cuyos puntos se unen. ¿Qué tienes ahora? Un triángulo.**

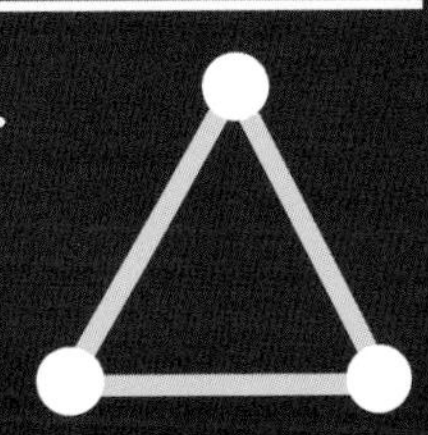

Arquímedes (287 AC–212 AC)

Otro gran matemático de los tiempos antiguos fue Arquímedes. Pasó la mayor parte de su vida en la isla de Sicilia en el mar Mediterráneo.

Arquímedes era tan inteligente que muchas veces el rey de Siracusa pedía su ayuda para resolver problemas difíciles o raros.

Una historia cuenta que el rey construyó un barco tan grande que fue imposible llevarlo al agua. Arquímedes construyó una máquina con ruedas y tornillos que funcionó como una palanca gigante. La gente se asombró cuando ¡Arquímedes por sí solo usó esta máquina para mover el barco enorme!

Arquímedes construyó una palanca como la que se ve aquí.

Una vez, el rey pidió la ayuda de Arquímedes cuando un herrero le hizo una corona de oro. El rey pensó que el herrero le había robado el oro y lo había cambiado por plata—un metal de menos valor.

Como dice una leyenda, una noche mientras Arquímedes se bañaba notó que el nivel de agua de la tina se subía cuando su cuerpo se sumergía y tomaba más espacio en la tina. Esto le dio una idea.

Arquímedes sabía que una libra de plata ocupaba más espacio, o tenía más **volumen**, que una libra de oro. Él se dio cuenta de que una corona hecha de plata **desplazaría** más agua, causando que el nivel de agua subiera más que si se usara una corona del mismo tamaño hecha de oro.

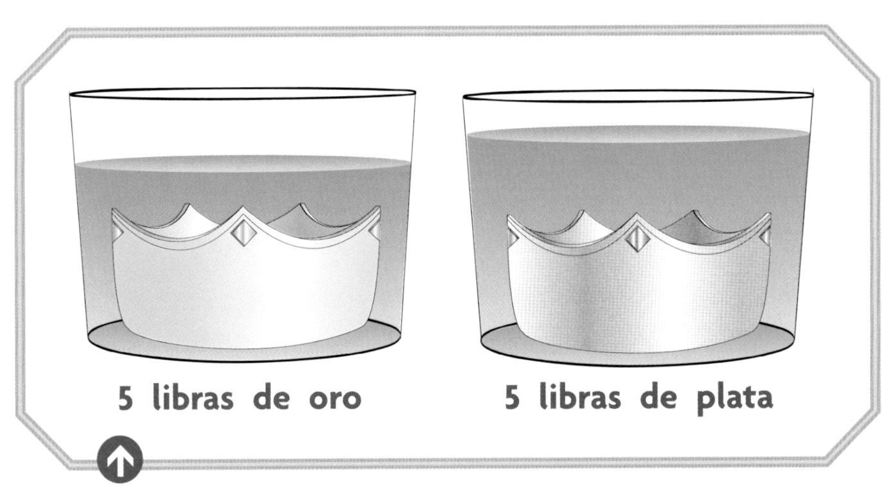

Cinco libras de plata tienen más volumen que cinco libras de oro.

Arquímedes decidió examinar la corona. Tomó dos recipientes iguales y puso exactamente la misma cantidad de agua en ambos.

Entonces puso la corona en un recipiente. En el otro, él puso oro que pesaba lo mismo que la corona. El agua en el recipiente que contenía la corona subió a un nivel más alto. Arquímedes entonces supo que la corona no era de puro oro. El herrero en realidad había tratado de engañar al rey.

TRATA TÚ EL MISMO MÉTODO QUE USÓ ARQUÍMEDES.

1. Encuentra tres rocas de tamaños diferentes.
2. Llena un vaso con 150 mililitros de agua.
3. Pon una roca en el vaso con agua. Mide el nivel del agua.
4. Para encontrar cuánto subió el agua, resta la medida original (150 mililitros) de la medida nueva. Escribe tu respuesta.
5. Repite lo mismo con las otras dos rocas. Investiga cuál roca desplazó más agua y cuál desplazó menos agua.

Uno de los descubrimientos matemáticos más importantes fue un número que se usó para medir los círculos, las esferas y los cilindros. Este número, igual a 3.14, fue tan importante que se le dio su propio nombre, **pi** que es una letra en el alfabeto griego. El símbolo de "pi" es π.

La investigación que Arquímedes hizo con "pi" ayudó a que los matemáticos midieran con más exactitud.

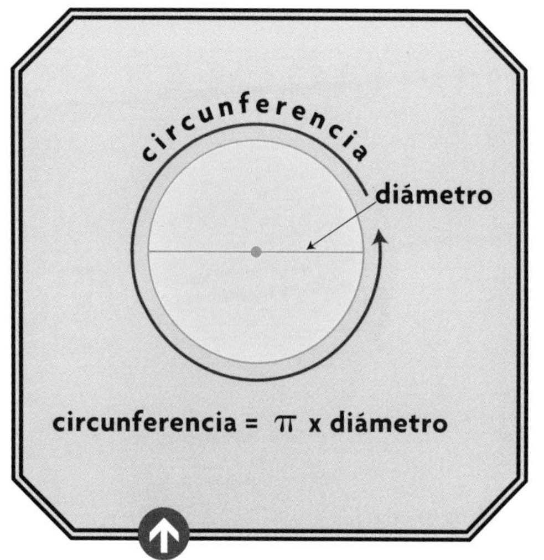

Arquímedes usó "pi" para encontrar la circunferencia de un círculo.

¡RESUÉLVELO!

2 Si la **circunferencia** = π (3.14) x el **diámetro**, usa la calculadora para encontrar la circunferencia de cada uno de estos círculos.

AYUDA: Cada círculo nos muestra el **radio**. Puedes encontrar el diámetro al doblar el radio.

A.

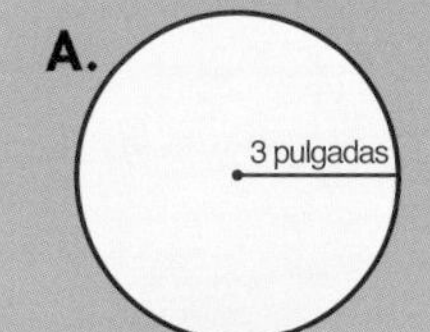

B.

C.

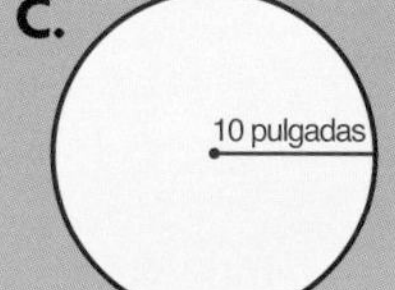

D.

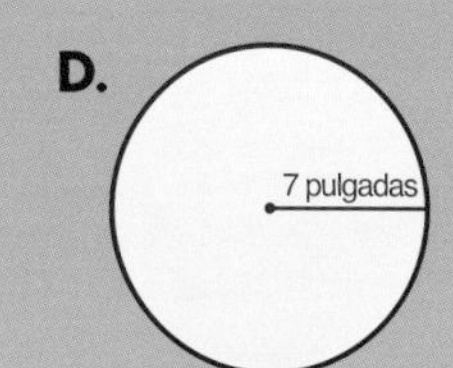

Al-Kwarismi (alrededor de 780–850)

El 6 de septiembre de 1983, la anterior Unión Soviética emitió este sello postal nuevo para conmemorar o marcar el aniversario número 1,200 del nacimiento de Al-Kwarismi.

Al-Kwarismi era un matemático de la ciudad de Baghdad, capital de Iraq.

En sus libros, Al-Kwarismi escribió sobre un tipo de matemáticas, al-jabr, llamada **álgebra** hoy en día. En el álgebra se usan letras para representar a los números.

Después se usa la aritmética para encontrar las soluciones de los problemas.

Al-Kwarismi también escribió sobre un sistema de números inventado en la India que incluía un cero. Él les mostró a los matemáticos que podían trabajar con números muy grandes si usaban el cero para guardar un lugar.

EL NÚMERO FAVORITO DE AL-KWARISMI

El cero es el dígito más importante en nuestro sistema de números.

0

Esto ocurre porque contamos en grupos de diez. Mira este número.

234

Es probable que sepas que el 4 significa 4 unidades, el 3 significa 3 decenas, y el 2 significa 2 centenas (y que el cien es diez grupos de diez).

204

Pero ¿qué pasa si no hay unidades, decenas o centenas? Necesitamos guardar el lugar para después llenar ese espacio. Ese es el trabajo del cero. Por ejemplo, en el número 204, el cero significa cero decenas.

Puedes pensar así. Si no tuviéramos el cero, no podríamos ver la diferencia entre el 12, el 120, y el 1,200. Sin los ceros, estos tres números se verían iguales.

¡Así fue!

Los mayas de la América Central usaban un dibujo de una concha como dígito para guardar el lugar en su sistema de números.

Matemáticos europeos

Leonardo Fibonacci (1170–1250)

En los años de 1200, el matemático italiano Fibonacci leyó el libro de Al-Kwarismi. En aquel tiempo en Italia, la mayoría de la gente usaba los números romanos en la matemática. Este era un sistema que no usaba dígitos para guardar el lugar.

Al ver esto, Fibonacci escribió su propio libro sobre el sistema de números hindu-arábico. Él le mostró a la gente que ese sistema era mucho más fácil que el sistema romano.

¡RESUÉLVELO!

3 **Usa la gráfica abajo para cambiar los números romanos siguientes a números hindu-arábicos.**

AYUDA: Cuando el número I aparece antes de un número más grande, réstalo de ese número (IV = 4, IX = 9, etc.)

NÚMEROS ROMANOS

I = 1	XI = 11	XXX = 30
II = 2	XII = 12	XL = 40
III = 3	XIII = 13	L = 50
IV = 4	XIV = 14	LX = 60
V = 5	XV = 15	LXX = 70
VI = 6	XVI = 16	LXXX = 80
VII = 7	XVII = 17	XC = 90
VIII = 8	XVIII = 18	C = 100
IX = 9	XIX = 19	
X = 10	XX = 20	

XLI ________

CV ________

LXVIII ______

XCIX ______

Fibonacci también descubrió un patrón interesante de números. ¿Lo puedes explicar? 1, 1, 2, 3, 5, 8, 13, 21 . . .

Cada número en la serie es la suma de los dos números anteriores. Por ejemplo, 1 + 2 = 3 y 2 + 3 = 5.

Muy pronto se descubrió que el patrón de números de Fibonacci aparecía con mucha frecuencia en la vida natural, como en el número de pétalos en las flores y el número de dedos y huesos en la mano humana.

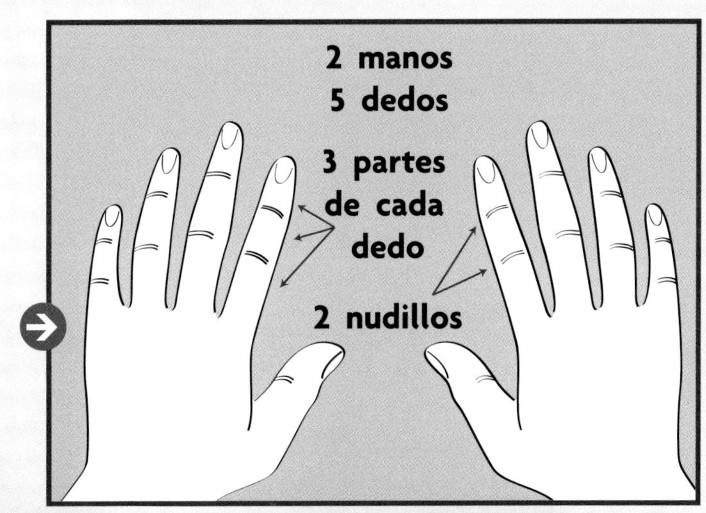

La mano humana tiene los mismos números que en el patrón de Fibonacci.

¡RESUÉLVELO!

4 **Trata de extender el patrón de números de Fibonacci, tú sólo.**

1, 1, 2, 3, 5, 8, 13, 21, _____, _____, _____, _____, _____

¡RESUÉLVELO!

5 Resta para saber cuánto tiempo hace que ocurrieron los siguientes eventos importantes del Renacimiento:

- Johannes Gutenberg inventó la primera imprenta (1440).
- Miguel Ángel pintó la Capilla Sistina (1508)
- Galileo Galilei inventó el termómetro (1552)

Durante el Renacimiento, en los años 1400 y 1500, Europa pasó por una era de novedades. Se hicieron muchos descubrimientos nuevos en las áreas de ciencias, matemáticas y artes.

Los científicos inventaron el telescopio. Los artistas usaron nuevas formas de pintar. Los compositores crearon música distinta. También había un interés nuevo en la teoría y los conceptos matemáticos. Como el comercio se desarrolló más, esto creó la necesidad de matemáticas nuevas.

los primeros dibujos matemáticos de Leonardo da Vinci

La Capilla Sistina se construyó y se pintó durante el Renacimiento.

Albrecht Dürer
(1471–1528)

Los artistas del Renacimiento reconocieron y apreciaron la influencia de los conceptos matemáticos nuevos, como los patrones de Fibonacci. Muchos artistas de esta época aplicaron estos conceptos nuevos a sus trabajos creativos.

Durante esta época, un artista alemán, Albrecht Durer, se interesó en los **cuadrados mágicos**. Estos son cuadrados de números en los cuales la suma de cada línea horizontal, vertical y diagonal es siempre el mismo número. La gente creía que los cuadrados mágicos tenían poderes especiales que le protegían de las enfermedades.

¡RESUÉLVELO!

6 Escribe los dígitos del 1 al 9 en este cuadrado para que la suma de cada línea horizontal, vertical y diagonal sea el número 15.

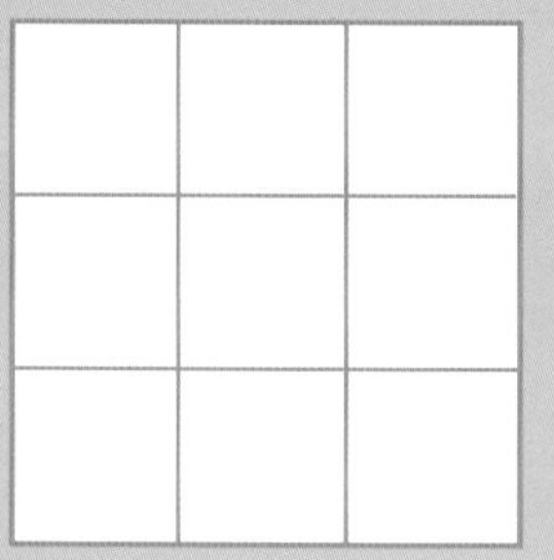

Busca el cuadrado mágico en esta obra de Durer.

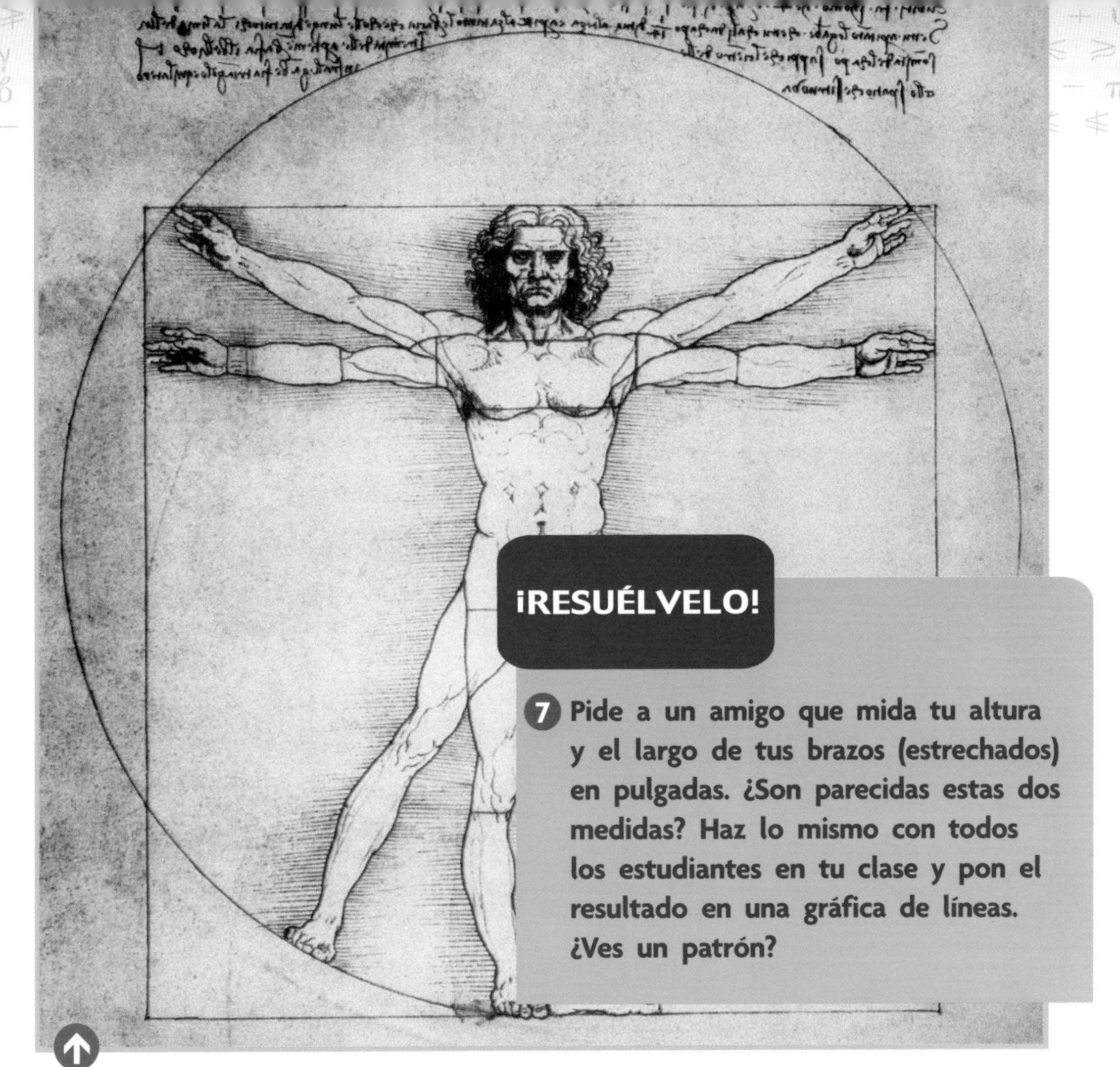

¡RESUÉLVELO!

7 Pide a un amigo que mida tu altura y el largo de tus brazos (estrechados) en pulgadas. ¿Son parecidas estas dos medidas? Haz lo mismo con todos los estudiantes en tu clase y pon el resultado en una gráfica de líneas. ¿Ves un patrón?

Leonardo da Vinci encontró patrones en el cuerpo humano.

Uno de los artistas más famosos del Renacimiento fue el matemático e inventor italiano Leonardo da Vinci.

Cuando él pintaba a la gente, da Vinci notó un patrón en la medida del cuerpo humano. Por ejemplo, el largo de los brazos (la distancia de un punto al otro cuando los brazos están extendidos) era casi igual a la altura de esa persona.

Leonardo da Vinci (1452–1519)

René Descartes (1596–1650)

René Descartes, un famoso matemático francés, también vivió durante el Renacimiento.

Una noche mientras Descartes observaba una mosca caminando por una pared, él trató de describir cuánto había caminado hacia el lado y hacia arriba. Esta actividad simple de localizar un punto en el espacio hizo que Descartes desarrollara un sistema llamado **geometría cartesiana**.

¡Así fue!

El joven René se enfermaba con tanta frecuencia que los doctores recomendaron que durmiera lo más posible y que se levantara solamente cuando él se sintiera listo. Por eso René pasó mucho tiempo en su cama, estudiando, leyendo y pensando. Él dijo que todo el tiempo que pasó en cama le ayudó a desarrollarse como un matemático.

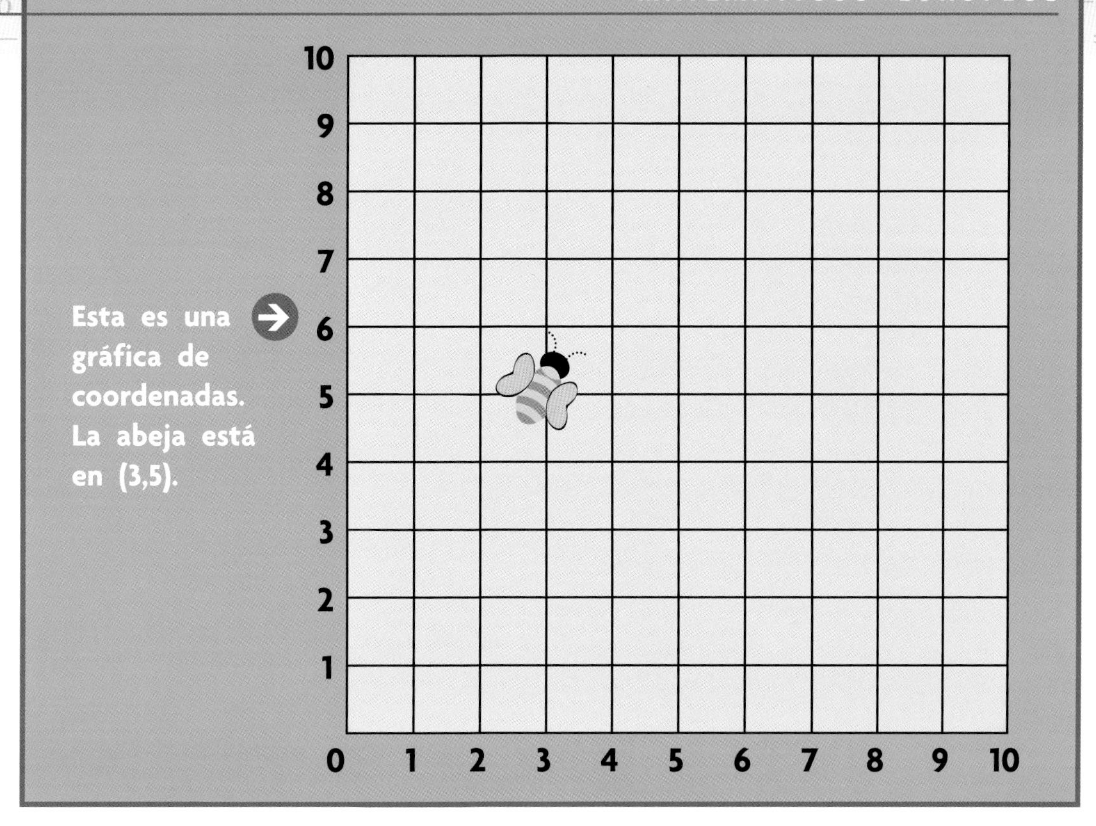

Si has usado un mapa, entonces debes saber sobre la geometría cartesiana. Las ciudades, las calles y otros lugares son identificados por dos números llamados un **par de coordenadas**. El primer número te dice adónde ir hacia la derecha. El segundo te dice adónde ir hacia arriba. Si sigues los números, encontrarás el lugar indicado.

¡RESUÉLVELO!

8 Toma un papel de cuadrícula. Numera las líneas horizontales y verticales con números del 0 al 10, como en la figura anterior. Marca estas coordenadas en tu gráfica. ¿Qué forma ves?

(2,1) (4,1) (6,1) (8,1) (10,1) (3,3)

(4,5) (5,7) (6,9) (7,7) (8,5) (9,3)

Otro gran matemático europeo fue Isaac Newton, un hombre inglés. Mucha gente lo considera ser el precursor de las matemáticas modernas.

Además de ser un matemático, Newton también era un inventor. Como Arquímedes, él encontró la manera de resolver problemas de formas creativas. Uno de sus más famosos inventos fue un reloj de madera que ¡siempre daba la hora con exactitud!

Cuando él era adulto, Newton inventó un método de resolver problemas matemáticos complicados. Él lo llamó cálculo. Newton también trató de explicar el movimiento de los planetas en el sistema solar.

Isaac Newton (1642–1727) está en esta pintura experimentando con luz.

¡Así fue!

Newton era un pensador increíble, pero bastante distraído en su vida diaria. A veces invitaba a sus amigos y después se le olvidaba esto completamente. Una vez, subió una loma muy inclinada con su caballo. Se distrajo tanto al pensar que siguió caminando sin su caballo.

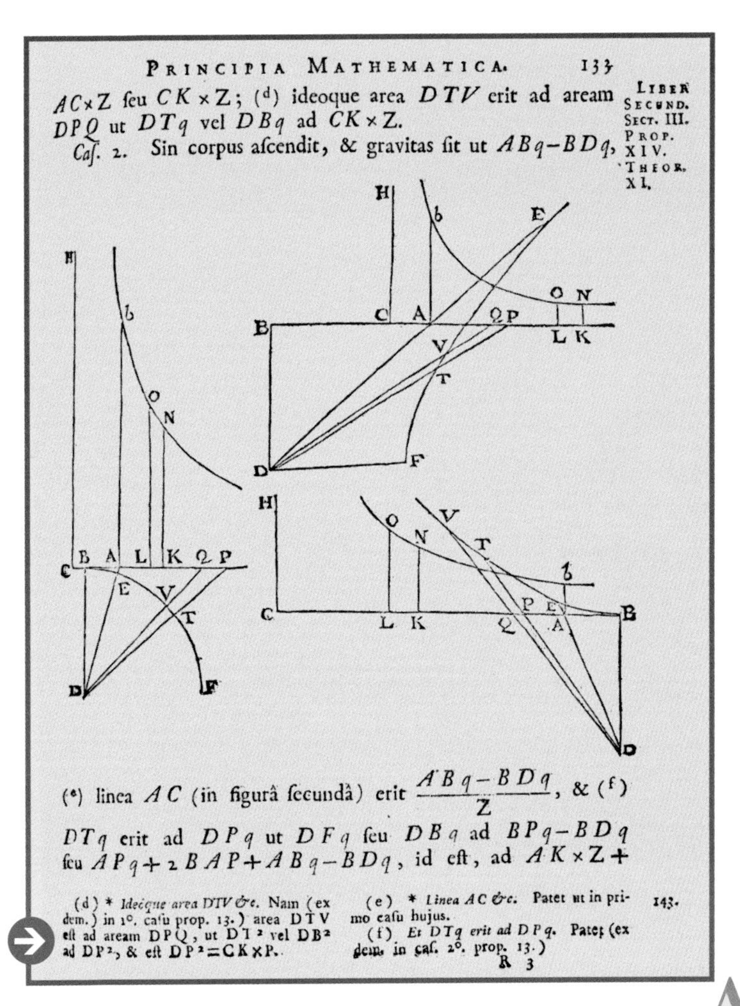

PRINCIPIA MATHEMATICA. 133

LIBER SECUND. SECT. III. PROP. XIV. THEOR. XI.

$AC \times Z$ ſeu $CK \times Z$; (d) ideoque area DTV erit ad aream DPQ ut DTq vel DBq ad $CK \times Z$.

Caſ. 2. Sin corpus aſcendit, & gravitas ſit ut $ABq - BDq$, (e) linea AC (in figurâ ſecundâ) erit $\frac{ABq - BDq}{Z}$, & (f) DTq erit ad DPq ut DFq ſeu DBq ad $BPq - BDq$ ſeu $APq + 2BAP + ABq - BDq$, id eſt, ad $AK \times Z +$

(d) * *Ideoque area DTV &c.* Nam (ex dem.) in 1°. caſu prop. 13.) area DTV eſt ad aream DPQ, ut DT^2 vel DB^2 ad DP^2, & eſt $DP^2 = CK \times P$.

(e) * *Linea AC &c.* Patet ut in primo caſu hujus.

(f) *Et DTq erit ad DPq.* Patet (ex dem. in caſ. 2°. prop. 13.)

143.

R 3

Newton mantenía notas detalladas de sus pensamientos e ideas.

El principio de la matemática moderna

Joseph Louis Lagrange (1736–1813)

En los años de 1800 y 1900, mucha gente contribuyó al crecimiento de los conceptos y teorías matemáticos. Fueron los precursores de la matemática moderna.

Joseph Louis Lagrange fue uno de los primeros matemáticos modernos. Él se interesó en las matemáticas durante su niñez en Italia.

Después, Lagrange se mudó a París para ayudar al gobierno francés a desarrollar un sistema nuevo de medidas. En aquellos tiempos, los franceses usaban una gran variedad de medidas. Por eso, era difícil compartir información y productos cuando todos tenían diferentes formas de medir.

¿Qué sistema usas para medir cosas como el peso y la longitud?

¡Así fue!

Las unidades métricas están organizadas en grupos de diez. Los prefijos aquí indican cuántos metros mide cada unidad.

kilómetro	1,000
hectómetro	100
decámetro	10
metro	1
decímetro	0.1
centímetro	0.01
milímetro	0.001

Cuando Lagrange y otros matemáticos decidieron cambiar el sistema de medidas, ellos midieron la distancia entre el Polo Norte y el ecuador. Ellos dividieron esta distancia entre diez millones y encontraron su unidad básica, el metro. Estos hombres de mentes brillantes crearon el **sistema métrico** que científicos usan en todo el mundo.

Al organizar las unidades del sistema métrico en grupos de diez, Lagrange permitió que los franceses midieran, contaran y convirtieran sus medidas de una unidad a otra.

¡RESUÉLVELO!

9 **Usa la gráfica anterior para contestar estas preguntas:**

¿Qué unidad es la más grande? ____________

¿Qué unidad es la más pequeña? ____________

¿Qué unidad es más grande, un decímetro o un hectómetro? __________

¿Cuántos decímetros hay en 1 metro? ______________

Charles Babbage
(1791–1871)

¡Así fue!

Babbage usó más de 6,000 libras de bronce, acero y partes de relojes para crear su máquina pensadora. Compara eso con una calculadora que cabe en tu monedero.

Charles Babbage vivió en Inglaterra durante la Revolución Industrial, cuando la tecnología se desarrollaba rápidamente. Esta nueva tecnología cambió cómo y dónde trabajó la gente.

Al creer que iba a inventar una máquina que pudiera pensar, Babbage diseñó una máquina para resolver problemas matemáticos. Hoy, se reconoce que Babbage trató de desarrollar la primera versión de una computadora moderna.

Babbage trabajó con una mujer llamada Ada Lovelace (1815–1852). Ella escribió programas para la máquina de Babbage. En realidad, Lovelace fue la primera programadora de computadora.

En 1991, un museo en Inglaterra construyó de nuevo la máquina de Babbage.

Los programas de computadora de Lovelace estaban impresos en tarjetas con perforaciones que funcionan como un **sistema binario**. Las máquinas de Babbage tenían muchos interruptores pequeños que se podían apagar o prender dependiendo de donde estaba la perforación en la tarjeta.

Albert Einstein (1879–1955)

Albert Einstein es uno de los matemáticos más famosos del mundo. Mucha gente piensa que Einstein es una de las personas más inteligentes que ha existido.

Como Isaac Newton, Einstein creyó que él podía usar las matemáticas para describir cómo funcionaba el mundo. Ya adulto, Einstein desarrolló la teoría especial de relatividad. Es una teoría muy complicada, pero básicamente describe como están relacionados el tiempo, el espacio y la masa.

EL JOVEN EINSTEIN

Albert Einstein era un mal estudiante. No le gustaba la escuela y pensaba que era aburrido memorizar las cosas. Estaba más interesado en pensar de manera creativa y en resolver problemas.

Cuando alguien le regaló un compás o brújula, él se fascinó. Quería aprender por qué la aguja siempre señalaba hacia el norte. Entonces empezó a pensar sobre cómo funcionaría el universo.

Einstein también descubrió que la luz se mueve con mucha rapidez, alrededor de 186,000 millas por segundo. Sus descubrimientos cambiaron la manera en que la gente pensaba sobre el universo.

Einstein también pensó mucho sobre la vida en la Tierra. Años más tarde él usó su fama para indicar la importancia de vivir juntos en paz.

CAPÍTULO 5

La matemática del presente y del futuro

Es difícil describir lo que hacen los matemáticos modernos porque los problemas que ellos resuelven hoy son muy complicados.

Stephen Hawking (1942–)

Algunos matemáticos resuelven problemas puros. Esto quiere decir que hacen muchas preguntas sobre la importancia de los números. Hoy, las computadoras ayudan a los matemáticos a contestar esas preguntas.

Algunos estudian las matemáticas aplicadas. Esto quiere decir que usan las matemáticas para resolver problemas específicos, como la construcción de estaciones enormes del espacio, o el diseño de microprocesadoras o microchips.

Uno de los matemáticos aplicados más famosos de hoy es Stephen Hawking. Usando su conocimiento de las matemáticas y la física, Hawking ha estudiado los agujeros negros por muchos años. Un agujero negro es el centro de estrellas enormes que se queda después de que las estrellas han explotado. Hawking descubrió que los agujeros negros emiten rayos gamma y rayos-x. Hawking siempre hace sus investigaciones sentado en una silla de ruedas porque él sufre de una enfermedad que le ha debilitado sus músculos.

Los matemáticos alrededor del mundo están ayudando a asegurar que haya suficiente comida para la población de sus países. También están desarrollando sistemas nuevos de dinero para que los gobiernos puedan tener mejores intercambios con sus vecinos. Y están trabajando con los científicos para reducir la contaminación.

Los matemáticos del futuro continuarán estudiando estos y otros problemas. ¡Quizás tú seas uno de ellos!

¡RESUÉLVELO! Repuestas

1 Página 3
31; 84; 661

2 Página 9
A. 18.84 pulgadas; B. 31.4 pulgadas; C. 62.8 pulgadas; D. 43.96 pulgadas

3 Página 12
41; 105; 68; 99

4 Página 13
34, 55, 89, 144, 233

5 Página 14
570 años; 502 años; 458 años

6 Página 16
Es posible tener respuestas diferentes.

4	9	2
3	5	7
8	1	6

7 Página 17
Las respuestas son variadas. La gráfica debe enseñar una inclinación gradual.

8 Página 19
La forma es un triángulo.

9 Página 23
kilómetro
milímetros
hectómetro
10

Glosario

álgebra	sistema matemático que usa letras para representar números
circunferencia	la distancia alrededor de un círculo
cuadrado mágico	una serie de números en el cual la suma horizontal, vertical y diagonal es siempre la misma
desplazar	mover algo fuera de su posición original
diámetro	la distancia a través del centro de un círculo
geometría	el estudio de líneas y formas; literalmente, "medir la Tierra"
geometría cartesiana	un sistema de encontrar un punto en una tabla o gráfica
par de coordenadas	dos números que enseñan el lugar de un punto en una tabla
pi	número igual a 3.14 usado al medir los círculos
pruebas	explicación con pasos lógicos en la geometría
radio	la mitad de la distancia a través del centro de un círculo
segmento	dos puntos en el espacio conectados por una línea derecha
sistema binario	un sistema de contar en grupos de dos
sistema métrico	un sistema de medida en el cual las unidades están en grupos de diez
volumen	la cantidad de espacio que ocupa un objeto

Índice